AF355922

RETS D'ENCOURAGEMENT

AU TRAVAIL
ET A LA VERTU.

L'HONNÊTE HOMME.

LILLE.
L. LEFORT, IMPRIMEUR-LIBRAIRE.
PARIS.

Ad. Leclère et C.ie, imp.-Lib.
rue Cassette, 29.

Isidore Pesron, libraire,
rue Pavée, 15.

L'HONNÊTE HOMME.

J'ai eu un moment de faiblesse, sans doute ; mais je suis
un honnête homme.

L'HONNÊTE HOMME.

Des fonctions, dont j'avais été chargé par l'administration supérieure, me donnaient la charge spéciale de visiter les prisons, afin d'étudier d'une manière particulière les moyens d'apporter quelqu'amélioration dans le régime des maisons et dans les habitudes des prisonniers.

Je ne m'étais d'abord occupé que des prisons civiles et des maisons de détention , et j'avais pu m'assurer des déplorables conséquences qui résultaient de l'agrégation des coupables , de la confusion des âges , et des relations funestes qui s'établissaient entre les différentes classes de condamnés.

Je fus appelé à Rochefort pour la visite du bagne , et je fis ce voyage avec empressement , désireux de connaître par moi-même l'état de ces lieux , qui inspirent généralement tant d'horreur.

Je trouvai un ordre sévère, une discipline rigoureuse et un appareil propre à inspirer la terreur aux plus hardis et à contenir les têtes les plus indomptables. Mille précautions sont prises pour prévenir les tentatives d'évasion , pour établir une subordination complète, et pour enlever aux esprits les plus entreprenants la pensée de la révolte.

Je voulus examiner les choses de plus près , et étudier les caractères de ces hommes farouches , qui furent les fléaux de la société et qui en sont encore la terreur ; et, afin de mieux pénétrer dans leurs mœurs intimes , je voulus faire la visite des cabanons , en simple particulier et non en délégué du gouvernement.

On raconte qu'un prince visita un jour les galères , et qu'interrogeant un certain nombre de criminels sur les motifs de leur condamnation, il ne rencontra que des gens parfaitement innocents , victimes l'un d'une intrigue , l'autre d'une vengeance , celui-ci d'une erreur de la justice , celui-là de la perfidie de faux témoins. Un seul voulut bien se trouver et s'avouer dûment condamné , et raconta avec ingénuité et repentir son crime et les funestes circonstances qui l'y avaient conduit. « Sors de ces lieux , lui dit le prince après l'avoir écouté avec intérêt , sors de ces lieux et au plus vîte ; la présence d'un criminel comme toi pourrait pervertir tous les honnêtes gens renfermés ici. »

Aujourd'hui les choses ne se passeraient plus de la même manière ; et, il faut le dire à la honte de l'humanité, le crime a dépouillé l'infamie, qui le marquait au front d'une manière plus indélébile que le fer brûlant ne marque l'épaule du criminel ; il tient la tête haute et semble braver la justice qui le châtie et défier la société qu'il menace du fond de son cachot.

Je vis les forçats dans leurs loges, chargés de leurs chaînes, dont le bruit sinistre répand au loin la terreur ; je les vis accroupis comme des animaux près de leurs auges, ou couchés sur une espèce de fumier, jetant un œil farouche sur ce qui les entoure, et semblables à des tigres prêts à s'élancer sur leur proie.

Je cherchais en vain un visage résigné, une expression de repentir ; je ne recueillis que des regards audacieux, une ironie insultante, une sorte de rire infernal ; pas un seul n'eut la pudeur de baisser les yeux, il semblait qu'ils me faisaient grâce en ne m'assaillant pas d'outrages. Les plus modérés, plongés dans une insouciance complète, paraissaient être arrivés au dernier degré de l'abrutissement.

Bientôt il leur fut permis de parler ; et à l'instant des paroles grossières, d'effroyables ricanements retentirent d'une extrémité à l'autre des cabanons. Je demandai quelle était la conversation ordinaire des galériens, quoique ce que j'eusse sous les yeux me l'apprit assez ? Mon guide me répondit qu'un jour passé au milieu de ces misérables suffisait pour donner une idée de toute une vie de bagne. Un langage éhonté, des vanteries de crimes, d'horribles bravades, tel était le sujet continuellement ressassé de toutes les conversations. C'est là que le respect humain (si toutefois on peut se servir encore de ce mot) exerce tout son empire, et est poussé à ses dernières conséquences. Là on ne rougit plus que de la vertu ; c'est trop dire ; on ne rougit plus que de ce qui conserve même une simple apparence d'honnêteté.

Là tout ce que l'on voit, tout ce que l'on entend ne respire que le vice, et le vice dans toute sa hideuse laideur. Il n'y a qu'une crainte, c'est de paraître moins perverti qu'un autre ; il n'y a qu'une émulation, c'est celle des plus audacieux attentats ou des plus épouvantables blasphèmes.

Telle est l'affreuse dégradation où l'homme descend, lorsqu'il livre son cœur, ce cœur doué d'affections si pures et si nobles, lorsqu'il le livre, dis-je, aux passions brutales et avilissantes. Parmi ces malheureux, combien n'y a-t-il pas d'hommes, qui auraient pu faire l'ornement de leur patrie, la félicité de leurs familles, s'ils avaient dirigé vers la vertu l'ardeur de leurs penchants, s'ils avaient modéré la fougue de leurs désirs, et réformé les mauvaises dispositions qui les portaient au vice ?

Combien de jeunes hommes , la désolation de leurs mères , la honte de leur famille , ont gaîment préludé au crime , en buvant à la coupe du libertinage , et sont arrivés de désordre en désordre au dernier degré de l'infamie !

« Voici un forçat qui ne ressemble pas à ceux que nous venons de voir , me dit mon guide en nous approchant d'un malheureux, qui se tenait debout et qui était un peu éloigné des autres. On l'a placé dans cet endroit , ajouta-t-il , parce qu'il est le sujet des railleries et des outrages de ses camarades. Il a ici pour surnom l'*honnête homme*, parce qu'il s'est donné à lui-même ce nom , le premier jour où on l'a mis aux fers , et depuis lors , il n'est point d'avanies qu'on ne lui fasse subir. Du reste , je vais vous laisser un instant avec lui ; il est de mœurs douces , il aime à causer , et connaît bien le monde. »

Je m'avançai vers le forçat et je lui témoignai l'intérêt que m'inspirait sa position. Il parut sensible à mes paroles. « Monsieur, me dit-il, je suis le plus malheureux des hommes. J'ai eu un moment de faiblesse, sans doute ; mais je suis un honnête homme, et il y a une foule de gens qui marchent tête levée dans le monde et qui seraient ici plus à leur place que moi.

— Si vous avez été injustement condamné, il y aurait des moyens de faire reviser le procès ou du moins d'adresser un recours en grâce.

— Injustement ?... je ne me suis pas servi de ce mot ; toujours est-il que pour qu'il y ait justice , tout le monde doit être traité de la même manière, et je connais plus d'un individu, qui se pavane à l'heure qu'il est, et qui aurait comme moi pantalon , bonnet et veste rouges , si ses faits et gestes étaient connus.

—Ce n'est donc pas contre votre condamnation que vous réclamez ; vous vous plaignez seulement qu'il n'y ait pas plus de monde renfermé ici. Vous conviendrez que ce n'est point là une bonne méthode pour obtenir votre élargissement. Ou bien de ce que la justice humaine n'a pas en son pouvoir les moyens nécessaires pour punir tous les crimes ; il faudrait en conclure qu'il n'y a plus de répression possible et légitime.

— Je ne pousse pas mes conséquences aussi loin ; je veux seulement constater des faits révoltants. N'est-ce pas une abomination de me confondre, dans ces horribles lieux, avec une tourbe d'atroces scélérats, qui ne rêvent que meurtres et brigandages ? N'est-ce pas une indignité sans nom de m'accoupler avec les êtres ignobles qu'on entasse ici, moi qui ai reçu une éducation distinguée, qui ai du savoir-vivre, et qui après tout suis un honnête homme. »

Le galérien s'était animé en me parlant et il prononça ces derniers mots d'un ton si élevé qu'ils furent entendus par les forçats de la salle voisine. Aussitôt un grossier éclat de rire , qui se prolongea jusqu'au dernier des cabanons, vint assaillir nos oreilles. Le mot d'honnête homme circula de bouche en bouche avec un raffinement d'outrages, qui me fit comprendre combien il y a de malice renfermée dans les cœurs des hommes en apparence les plus bruts et les plus stupides.

Mon guide, pour faire cesser le tumulte, se rapprocha de nous.

— J'ai l'autorisation , me dit-il , de laisser ce condamné se promener en liberté une heure chaque jour. Si cela peut vous être agréable , vous pourrez continuer votre conversation avec lui. »

J'acceptai volontiers ; et me voilà arpentant le préau du bagne dans sa longueur et dans sa largeur en compagnie de mon honnête homme , qui prétendait toujours que n'étant ni voleur de grand chemin , ni meurtrier, il ne méritait point d'être renfermé dans cet affreux séjour.

Je me hasardai de faire quelques questions pour pénétrer la cause de la condamnation de mon interlocuteur ; mais, en me répondant, il avait soin de prendre habilement le change et d'entortiller ses paroles de manière à me laisser toujours dans le vague.

— Mon crime, monsieur, me disait-il, mon crime est d'avoir manqué d'adresse. J'ai voulu faire fortune trop vite et voilà tout, et je suis convaincu que, s'il avait assez de confiance en son habileté pour être sûr de l'impunité, le plus honnête homme de la terre n'aurait pas agi autrement que moi.

— Mais il me semble, lui dis-je, que vous comptez la conscience pour rien.

— La conscience !... Ah ! monsieur, vous me paraissez trop instruit des usages du monde pour croire encore à la conscience de qui que ce soit. La conscience est une institution gothique, qui a déménagé avec tout le reste. Mes principes là-dessus sont arrêtés, et je pense, comme les enfants de Sparte :

L'usurpation du bien d'autrui ne devient volque quand elle est découverte. »

La rougeur me montait au front. Sans dire un mot, je jetai un regard sur le galérien, et je vis son visage flétri se sillonner d'une sorte d'orgueilleux sourire, comme si ses arguments m'eussent réduit au silence.

J'étais accablé sous le poids de mes réflexions, et je ne savais plus lesquels méritaient une plus énergique indignation, ou de ces hommes abrutis qui dévoilaient leurs turpitudes avec une hideuse crudité, ou de ce criminel bel-esprit, qui établissait en système la théorie de l'iniquité, qui sapait tous les fondements de l'ordre social, et se jouait de toutes les notions du juste et de l'injuste avec un sang-froid qui semblait tenir du délire.

Je me reprochais l'intérêt que j'avais éprouvé pour ce misérable, et la bienveillance que je lui avais d'abord témoignée. « Il n'est point d'hommes, me disais-je, qui n'éprouvent un mouvement d'horreur et dedégoût à l'aspect des criminels qui se ravalent au niveau de la brute, mais il en est peutêtre qui pourraient se laisser séduire par le vice voilé sous de belles paroles et de beaux dehors. Cet *honnête homme* est à mon avis le plus dangereux du bagne. »

J'appelai le gardien, qui vint river les fers du forçat.

« Le malheureux, lui dis-je en le quittant, qui ne croit plus au bien ni au mal, ni à sa conscience, ni à Dieu, est le pire des fléaux de la société. »

SUITES FUNESTES

DE L'IVROGNERIE.

—

Dans un village du département de la Meuse vivait, il y a quelques années, un cordonnier qui, par suite de son inclination à la boisson, devint victime d'une mort prématurée, et plongea dans le malheur une famille entière. François Wadinotte s'était marié à l'âge de vingt-cinq ans avec une jeune personne fort vertueuse, qui le rendit père de sept enfants. Comme il était excellent ouvrier, il ne manqua jamais d'ouvrage, et acquit une certaine aisance, fruit de son travail et de sa bonne conduite.

Il était généralement aimé dans sa commune, à cause de son humeur joviale et de son empressement à obliger tout le monde. Souvent, surtout pendant les longues soirées d'hiver, son atelier était rempli de voisins qui venaient passer quelques moments auprès de lui : on causait, on riait, on fumait pendant que Wadinotte battait la semelle. L'un soutenait une chose, l'autre une autre ; on pariait quelques bouteilles de vin, et celui qui perdait était obligé de régaler la joyeuse compagnie.

Le cordonnier, qui avait souvent profité des libations des autres, se piqua aussi de générosité, et paya à son tour. D'abord sa femme ne conçut aucune crainte de ces réunions, parce qu'elle ne pensait pas aux terribles conséquences que cette habitude de boire pouvait entraîner.

Le jour de la Saint-Martin arriva, et les buveurs convinrent entre eux de la célébrer dignement. Ils tinrent parole, et s'installèrent dans l'auberge depuis trois heures de l'après-midi jusqu'à dix heures du soir. On but bravement, on joua aux cartes, on s'amusa beaucoup, et Wadinotte rentra chez lui dans un état complet d'ivresse : ses enfants étaient tous couchés ; sa femme veillait seule et filait.

Quel ne fut pas l'étonnement de la bonne Madeleine, en voyant enfin Wadinotte arriver ! En femme prudente, elle ne lui dit rien, le fit promptement coucher, et remit au lendemain le soin de lui faire quelques reproches.

Le lendemain, François voulut se lever comme à son ordinaire pour reprendre son travail, mais un violent mal de tête le retint au lit.

— Voilà donc une journée de perdue, lui dit sa femme, ce qui, joint aux dépenses que tu as faites hier, nous enlève la subsistance pour deux jours. Je pense, mon ami, que tu ne recommenceras plus ; car notre ménage en souffrirait , et nous ne sommes pas assez riches pour faire de ces sacrifices-là.

Wadinotte comprit qu'il avait tort , et ne chercha point à s'excuser. Il promit d'être sur ses gardes à l'avenir , et de ne plus se laisser débaucher par ses compagnons :

— Je ne puis cependant pas leur fermer ma porte , ajouta-t-il ; ce sont mes meilleures pratiques , et il faut les conserver.

—Sans leur fermer la porte, lui répondit Madeleine, on peut leur faire entendre que nous n'avons pas les moyens de faire de pareilles dépenses , et ils seront assez justes pour reconnaitre la vérité et pour te laisser tranquille.

Voilà qui est donc convenu : François n'ira plus boire à l'auberge. Plusieurs semaines se passèrent , et le cordonnier continua son travail sans songer à aller se divertir. Les fêtes de Noël arrivèrent , et Wadinotte fut de nouveau sollicité à boire. Il eut assez de franchise pour en parler à sa femme. Madeleine lui représenta avec douceur à quoi il s'exposait s'il cédait à ces invitations.

— Je sais bien , lui dit-elle , que tu me répondras : Qu'il n'est pas défendu de se réunir. Eh bien ! reste avec nous , amuse-toi en famille ; ne vaut-il pas mieux se trouver au milieu de ses enfants ? Là tu ne feras point d'excès , et tu ne seras pas malade le lendemain.

François promit tout ; mais , à l'issue des vêpres , ses amis l'entourèrent pour l'entraîner avec eux à l'auberge. Le cordonnier prétexta quelque affaire et tâcha de s'esquiver. Alors les autres de le railler et de l'immoler au ridicule.

— C'est-il plaisant , disait l'un de la bande joyeuse , de te voir sous la férule de ta femme ? Et n'est-ce pas toi qui gagnes le pain ? De quoi se mêle ta femme ? Je voudrais voir la mienne se permettre une observation à cet égard , je la mettrais à la raison et lui ferais passer l'envie de me gêner.

— Sais-tu quoi ? répliqua un autre. Nous paierons pour toi , et , de cette manière , ta Madeleine ne pourra pas grogner ; si cepen- elle s'avise de te chercher querelle , ton tire- pied fera justice de ses raisons. Vois-tu, l'ami, quand tu ne te trouves pas avec nous, il nous semble qu'on ne peut pas s'amuser ; tu as toujours quelque bon mot à dire , et le vin paraît meilleur quand il est assaisonné de quelque plaisanterie. N'a-t-on d'ailleurs pas assez de mal dans ce monde ? Qui donc peut y trouver à redire , quand on cherche à se procurer un peu de distraction?

Wadinotte fronça les sourcils , et le voilà en chemin pour l'auberge. Le vin coula en abondance. Les heures s'écoulèrent avec une rapidité incroyable ; onze heures étaient sonnées, et les buveurs trouvaient que l'horloge avançait, tant leur parurent courts les moments passés à table entre les verres et les cartes. Enfin, l'on se sépara ; Fran- çois regagna avec peine son logement, et trouva sa femme fondant en larmes ; il balbutia quelques mots sans suite et se coucha.

Le lendemain, il se leva tard, et reprit son travail. Madeleine attendit le départ des enfants pour l'école, et représenta de nouveau à son mari sa conduite de la veille ; elle lui rappela ses promesses et y ajouta quelques réflexions propres à le toucher. Impatient de voir la fin de cette discussion, Wadinotte imposa silence à sa femme, et la menaça de la taire taire avec son tire-pied. Madeleine prétendit être dans son droit, et que ses observations étaient justes ; mais François, furieux de l'entendre, se leva de son siége, et lui administra une volée de coups qui la réduisirent enfin au silence.

Depuis ce moment, il n'y eut plus de paix dans le ménage ; Madeleine tremblait continuellement devant son mari brutal ; à la moindre observation, celui-ci lui fermait la bouche en vomissant contre elle un torrent de blasphèmes et de jurements.

Tous les dimanches et fêtes, François passa à l'auberge une partie de la journée, et comme on ne payait plus pour lui, il dépensa beaucoup d'argent.

Bientôt il ne se borna plus à ne visiter l'auberge qu'une fois la semaine, mais il y alla d'abord trois à quatre fois, et finit par s'y rendre tous les jours. Petit à petit, tout changea dans ce ménage : au contentement, à la gaîté, à l'union, à l'aisance, succédèrent l'inquiétude, une humeur sauvage, accompagnée de discussions continuelles : souvent on manquait du nécessaire, et les pauvres enfants de Wadinotte recevaient plus d'une fois le pain de la charité de leurs camarades d'école.

Madeleine pleurait, gémissait, priait, sans pouvoir remédier au désordre toujours croissant. Le malheureux cordonnier s'adonna tellement à la boisson qu'il s'abrutit tout à fait, et se distingua de plus en plus par son inconduite. Souvent, lorsque, dans

un moment d'ivresse , il traversait le village ,
il fut poursuivi par une troupe de polissons
qui le huèrent , lui jetèrent de la boue et l'ac-
cablèrent d'outrages ; tout le village en parlait.

François seul n'ouvrit point les yeux et
continua son train ordinaire : ne pouvant pas
toujours payer les dépenses qu'il faisait , il
se vit obligé de chausser la famille de l'au-
bergiste , et porta de cette manière tout le
profit de sa profession au cabaret. Il n'est
pas nécessaire de dire que Wadinotte négli-
gea tous ses devoirs religieux : plus de mes-
ses , plus de confession , plus de commu-
nion , plus de sanctification du dimanche ;
dès-lors chacun peut juger de l'état d'abjec-
tion auquel il se réduisit.

Un jour qu'il revenait d'un village voisin
où il avait acheté du cuir , il rencontra le
curé , qui le salua avec beaucoup d'affection
et lui demanda de ses nouvelles.

Wadinotte , mécontent de cette rencontre ,

ne répondit que par monosyllabes à toutes les questions de son pasteur ; mais voyant que ce dernier le ménageait sur le chapitre de son inconduite, il reprit courage , et devint un peu plus liant ; c'était ce qu'attendait le curé , qui saisit un moment favorable pour lui dire :

— Tenez , mon ami , je vous aime trop pour ne point vous dire la vérité : votre conduite me peine singulièrement , non-seulement parce qu'elle est indigne du chrétien , mais même de l'homme doué de raison. Et en effet , ce vice honteux qui vous tyrannise ne vous a-t-il pas fait descendre plus d'une fois dans la classe des brutes ? Lorsque vous sortez du cabaret , dépourvu de raison et trouvant à peine le chemin de la maison , couvert de boue , et trébuchant à chaque pas, qu'êtes-vous alors ? un objet de mépris pour toute une commune. Si vous entendiez alors les propos qu'on tient sur votre compte ! si vous pouviez examiner l'horreur que vous inspirez à tous ceux qui vous voient, nul doute que vous ne rentreriez en vous-même. Croyez-moi, cessez de vous ravaler ainsi, et pensez à vos enfants auxquels vous donnez de si mauvais exemples, pensez à votre âme que vous exposez à une perte éternelle, car tôt ou tard Dieu vous demandera compte, et peut-être plus tôt que vous ne le pensez. »

Atterré par cet avertissement du curé, François feignit d'être obligé de s'arrêter pour se reposer, et laissa partir le curé. De retour chez lui, il n'eut rien de plus pressé que de raconter à sa femme tout ce que le pasteur lui avait dit, et d'accompagner, comme on peut se l'imaginer, ce récit de blasphèmes et de juremenis épouvantables.

— Et de quoi se mêle-t-il, s'écria-t-il dans sa fureur, a-t-il quelque chose à y voir, s'il me plaît de m'amuser? Est-ce lui qui paie? Le pauvre homme croyait faire merveille en épanchant sa bile contre le curé, et il continua de boire. Souvent même il lui arriva de passer les nuits entières au cabaret et de ne rentrer que le matin.

La vertueuse Madeleine l'avait attendu fort longtemps la nuit du premier de l'an ; comme il ne revenait pas, elle se coucha fort triste. Le lendemain , le garde-champêtre vint frapper à sa porte et lui dit de le suivre. La malheureuse femme obéit à l'instant. A peine avait-elle fait deux cents pas, qu'elle vit la foule assemblée autour d'un tas de fumier ; elle n'osa s'approcher, et reconnut Wadinotte qui venait de cesser de vivre.

Cet infortuné avait quitté fort tard l'auberge, et n'ayant pas assez de forces pour regagner son domicile, il se coucha sur le fumier et y mourut d'apoplexie, laissant sa famille plongée dans le deuil et la misère.

Que ce triste exemple serve de leçon et d'avertissement à ceux qui s'exposent aux mauvaises compagnies et aux funestes conséquences qui en résultent toujours.

L'IMAGINATION
ET LA RÉALITÉ.

—

Dédaigne qui voudra, dans ce siècle positif, les jouissances de l'imagination ; pour moi, que tant d'orages ont battu, et qui connais si bien toutes les déceptions et toutes les misères de la vie, j'aime, je l'avoue, ces heureux et trop courts moments où, ravi à la dure réalité, je me trouve tout à coup transporté dans les inépuisables domaines de l'imagination.

Oui , il m'est doux , assis sous l'ombrage d'un chêne touffu , et ma vue dominant sur une vaste campagne , de me supposer le propriétaire des riches moissons et des nombreux troupeaux qui la couvrent. Je distribue mes bienfaits ; des vêtements à ceux-ci , du pain à ceux-là ; je suis le père plus que le maître de mes serviteurs et de mes ouvriers ; je répands l'aisance et la joie dans tous les villages environnants ; je réprime le vice ; j'encourage la vertu ; j'apaise les querelles ; les orphelins trouvent en moi un protecteur ; les veuves , un soutien ; les opprimés , un appui ; la misère a fui des lieux que j'habite ; la paix , l'union , la concorde y ont établi leur aimable séjour; tous les cœurs y sont contents , toutes les voix m'y bénissent , et , dans mon imaginaire félicité , je goûte un bonheur qu'il m'est difficile d'exprimer.

D'autres fois , dégoûté des vices et des intrigues de ce misérable monde , je m'élance par l'imagination bien au delà de ses bornes étroites, et me voilà heureux habitant de cette éternelle cité, à laquelle tendent tous mes vœux ; me voilà dans la compagnie des Saints, des Anges, des Archanges, des Séraphins, dans la compagnie de Dieu même ! La terre, je ne l'aperçois plus ; le soleil est sous mes pieds ; l'immensité est mon domaine ; ma voix s'unit à celle des esprits bienheureux célébrant les louanges du Très-Haut : j'entends résonner leurs harpes d'or ; je m'abreuve à la même coupe qui renouvelle sans cesse leur interminable félicité. Oh ! qui dira quel est alors mon bonheur, quels sont mes joies, mes ravissements ?

Ce sont des jeux d'imagination, je le sais ; mais vos projets de fortune, vos rêves d'am^{bi}bition et de gloire, hommes *positifs*, ne sont-ils pas une illusion aussi ? mais vos plaisirs, vos fêtes, vos jouissances, mondains, ne sont-ils pas une illusion aussi ?

mais votre vie entière , consacrée à pour-
suivre sans cesse une ombre de bonheur
qui sans cesse vous échappe , qu'est-elle
autre chose qu'une longue illusion ? Deman-
dez ce qui lui en reste à cet homme que la
mort va frapper : la crainte ou l'espérance
pour l'avenir ; rien pour le passé , rien ,
absolument rien. Moi , du moins , j'ai arra-
ché à la vie quelques moments heureux , et
je rentre dans la lice plus fort et plus cou-
rageux , comme le voyageur fatigué à qui
un repos salutaire a rendu toute sa première
vigueur.

Quelquefois aussi , le Dieu bienfaisant
qui connaît ma faiblesse , m'envoie dans ces
heureux moments que je ne saurais nom-
mer , d'utiles leçons qui raniment mes espé-
rances , fortifient ma résolution ou corrigent
mes erreurs.

Un jour , le souvenir ne s'en effacera jamais de ma mémoire , dominé tout entier
par les sensations présentes , j'avais oublié

le reste du monde, et me livrais avec un charme indicible aux pensées diverses qu'il plaisait à ma vagabonde imagination d'accueillir : assis au milieu d'une riante campagne, sur le penchant d'une colline peu élevée, j'avais en face de moi un château magnifique, dont les cours larges et spacieuses laissaient apercevoir de nombreux valets allant et venant pour le service de leurs maîtres.

« Oh ! me disais-je, celui-là est heureux sur la terre, qui jouit ainsi de tous les dons de la fortune : pour lui, l'été n'a point de feux dévorants, ni l'hiver de frimats cuisants ; tous les plaisirs s'offrent en foule à ses caprices ; le choix seul l'embarrasse. Que peut-il lui manquer ? S'il veut rester, de nombreux amis viennent doubler ses jouissances en les partageant ; s'il veut sortir, chacun se dispute l'honneur de le recevoir et de le fêter. La ville, la campagne, le monde, la solitude lui offrent à l'envi leurs amusements variés ; il les goûte tour à tour, et le changement en prévient chez lui la satiété. Heureux dans le présent , il ne voit encore dans l'avenir que de riantes images, et chacun des jours de son existence fortunée compte plus de joie et de bonheur que la vie entière du pauvre , condamné à ne manger qu'un pain arrosé de ses sueurs. »

Ainsi parlait en moi cette pauvre nature humaine, toujours envieuse et que rien ne saurait jamais contenter ; j'avais donné libre carrière à mon imagination , et la voilà qui m'emporte dans un monde idéal et chimérique ; c'est peu pour elle de m'identifier avec celui dont le sort m'a paru si désirable, de m'installer dans son château, de m'y faire tout disposer en maître , bientôt tant de richesses ne me suffisent plus ; ce château que j'admirais tout à l'heure est maintenant trop petit pour rassembler toutes les jouissances que je veux y appeler ; c'est un palais qu'il me faut : ces jardins sont trop resserrés et trop nus, il faut les agrandir et les orner ; je critique tout ; je change tout ; et lorsqu'enfin je me suis composé une habitation qu'envieraient les plus grands rois de la terre, lorsque j'y ai joint une fortune que les plus ruineux caprices ne sauraient dissiper, lecteurs, vous croyez que je vais être satisfait et jouir en paix de la contemplation de mes subites richesses : il n'en fut pas ainsi.

Mais les maladies, me dis-je tout à coup ; mais la mort : oh ! qu'il serait dur qu'elles vinssent déranger ou même détruire une aussi parfaite félicité ! J'étais trop heureux pour m'arrêter à ces sombres idées, et après m'être doué d'une existence aussi brillante, il me coûtait peu d'y joindre le don d'une santé robuste jusqu'aux derniers jours d'une vieillesse tardive et prolongée. Voilà donc, cette fois, tous mes vœux remplis, et mon âme satisfaite ne trouvait plus rien à désirer : ravi de mon imaginaire bonheur, j'en savourais avec délices les jouissances.

La pensée m'en ravissait ; j'étais comme transporté, loin de ce monde, dans des régions inconnues, où chaque pas que je faisais me découvrait mille nouvelles beautés.

J'étais à peine depuis quelques minutes dans cette illusion délirante, qu'un de ces grains de plomb que disperse quelquefois loin du but proposé l'arme du chasseur, vint me frapper et m'occasionner une subite et vive douleur. Adieu aussitôt toutes mes visions ; adieu tous mes rêves !

Comme ces feux artificiels que le salpêtre, préparé par la main des hommes, élève avec rapidité dans les airs, s'évanouissent et disparaissent plus rapidement encore : ainsi mon imagination, rappelée par la douleur à la réalité, retomba subitement des hauteurs ou elle venait de s'élever : « Et si dix siècles de bonheur étaient terminés, me dis-je ; car dix siècles ont une fin comme dix jours : si l'angoisse que j'éprouve était le commencement de cette épouvantable éternité de supplices et de regrets qui devraient les suivre pour ne jamais finir, quel serait mon sort actuel, et à quoi me serviraient, contre mon malheur sans bornes et sans terme, mes jouissances passées et mon bonheur détruit? »

Honteux et repentant de ma folie, je repris tristement le chemin de la ville ; et, comparant dans ma pensée les si misérables et si courtes joies qui séduisent et trompent les hommes ici-bas, aux brillantes fictions que venait cependant de dissiper le seul souvenir de l'éternité, je m'écriai douloureusement : *Oh! que les hommes se damment pour peu de choses.*

Lille, imp. L. de Lefort.